SOCIÉTÉ DES AGRICULTEURS DE FRANCE
21, AVENUE DE L'OPÉRA, 21

DE L'INDEMNITÉ

RÉCLAMÉE AU NOM DES FERMIERS SORTANTS

Pour les plus-values
qu'ils auraient procurées au domaine affermé

RAPPORT

Fait à l'Assemblée Générale
de la Société des Agriculteurs de France

LE 11 FÉVRIER 1890

AU NOM DE LA SECTION D'ÉCONOMIE ET LÉGISLATION RURALES

PAR

M. TOURNYER

PARIS

IMPRIMERIE DE LA SOCIÉTÉ DE TYPOGRAPHIE

P. NOIZETTE, DIRECTEUR

8, RUE CAMPAGNE-PREMIÈRE, 8

—

1890

SOCIÉTÉ DES AGRICULTEURS DE FRANCE
21, AVENUE DE L'OPÉRA, 21

DE L'INDEMNITÉ

RÉCLAMÉE AU NOM DES FERMIERS SORTANTS

Pour les plus-values

qu'ils auraient procurées au domaine affermé

RAPPORT

Fait à l'Assemblée Générale
de la Société des Agriculteurs de France

LE 11 FÉVRIER 1890

AU NOM DE LA SECTION D'ÉCONOMIE ET LÉGISLATION RURALES

PAR

M. TOURNYER

PARIS

IMPRIMERIE DE LA SOCIÉTÉ DE TYPOGRAPHIE

P. NOIZETTE, DIRECTEUR

8, RUE CAMPAGNE-PREMIÈRE, 8

1890

DE L'INDEMNITÉ
AU FERMIER SORTANT

RAPPORT

PRÉSENTÉ A L'ASSEMBLÉE GÉNÉRALE
LE 11 FÉVRIER 1890

PAR

M. TOURNYER

La question de l'indemnité à allouer au fermier sortant, pour plus-values procurées par lui aux fonds objets de la location n'est pas seulement, il ne faut pas s'y méprendre, une question d'économie agricole; elle vise plus haut et touche de la façon la plus intime à notre économie sociale.

Les promoteurs de l'agitation qui s'est faite sur cette question n'hésitent pas du reste à la poser sur ce terrain. En effet, tout en invoquant la nécessité du progrès agricole, ils insistent avant tout sur ce qu'ils appellent l'intérêt général, l'utilité publique ; ne craignant pas d'assimiler ainsi l'atteinte qui serait portée au droit de propriété par leurs revendications, à l'expropriation pour travaux ayant une cause d'utilité publique, telle que nos lois ont su la réglementer.

C'est ce qui avait été parfaitement compris par les auteurs de la proposition soumise, dès 1872, à votre 9ᵉ section et portée ensuite à l'Assemblée générale de 1873.

Deux rapports furent alors soumis à la 9ᵉ section : l'un rédigé par M. Pluchet, auteur de la proposition qui était ainsi formulée : « De l'indemnité aux fermiers sortants pour les améliorations non épuisées; l'autre préparé par M. Mérice, qui avait été chargé de condenser tous les documents que la Société royale d'Angleterre avait bien voulu adresser à notre Président sur cette question, si vivement débattue alors chez nos voisins et qui allait bientôt être soumise à leur Parlement.

Mais ni dans l'un ni dans l'autre de ces rapports il n'était question de demander l'intervention du législateur pour établir l'usage de l'indemnité. Ce que notre 9ᵉ section croyait alors convenable de faire se bornait à de simples recommandations ; il ne s'agissait que de conseils à donner aux propriétaires et fermiers : « Il est juste, disait en concluant M. Pluchet, il est utile de recommander l'application du principe de l'indemnité dans la rédaction des baux. » Puis ces améliorations étaient divisées en trois classes : les unes concernant les travaux qui ne pouvaient se faire sans l'assentiment du propriétaire ; les autres mises soit à sa charge soit à celle du fermier entrant.

C'est avec cette formule de simple recommandation, de simples conseils, que la question fut soumise à votre assemblée générale. Le rapporteur de la 9ᵉ section entendait donc bien ne pas aller jusqu'à l'intervention de la loi pour prescrire ou régler l'indemnité pour plus-values. Loin de là, il reconnaissait tout ce qu'un pareil système aurait eu de dangereux. « Nous repoussons, disait M. Pluchet, toute idée de contrainte légale, nous considérons comme impossible d'engager la garantie du propriétaire, ou simplement sa participation dans les dépenses d'une amélioration, s'il ne l'a pas préalablement consentie... Jamais nous n'avons eu la pensée de porter atteinte à la liberté du propriétaire (1). »

Même sous cette forme, l'Assemblée générale ne crut pas devoir admettre le principe proposé. Son utilité fut vivement contestée ; les difficultés insurmontables qu'il soulevait dans la pratique furent signalées par d'éminents esprits. Enfin, toute platonique que fût la proposition, n'était-il pas à craindre que l'on en vînt bientôt à la contrainte légale ? « Prenez garde, disait un de nos collègues, sous une forme originale, et rappelez-vous que l'engagement volontaire a précédé la conscription et qu'aujourd'hui nous avons le service obligatoire. »

Si l'orateur, qui s'exprimait ainsi en 1873, était encore au milieu de nous, il pourrait constater que ses prévisions n'étaient pas téméraires ; elles ont même été dépassées. — Ce que l'on demande aujourd'hui, pour assurer le progrès agricole, c'est la mainmise de l'exploitant sur la terre qui ne lui a été livrée qu'à titre de location ; c'est la contrainte légale infligée au propriétaire ; c'est au besoin l'expropriation forcée.

Quelles sont donc les causes invoquées pour qu'il soit nécessaire de

1. Rapport à la 9ᵉ section, 1873, *Bulletin* du 1ᵉʳ janvier.

violer ainsi et le droit de propriété, réputé jusqu'ici inviolable, et la liberté des conventions, règle suprême des contrats dans notre droit civil?

I

1° *L'article* 1766 : *Equité. — Réciprocité. — Justice.*

C'est d'abord au nom de l'équité, au nom de la réciprocité que l'on demande au législateur d'intervenir.

Le propriétaire a droit, dit-on, à une indemnité, si le fermier rend sa ferme avec une moins-value; ce droit serait inscrit dans l'article 1766 du Code civil. Pourquoi cette même loi n'obligerait-elle pas le propriétaire à payer de son côté une indemnité à l'exploitant, quant, au contraire, celui-ci le quitte après avoir amendé et qu'il y a plus-value. Ce ne serait que justice; nul d'ailleurs ne doit s'enrichir aux dépens d'autrui.

Plus de privilèges, disait un de nos collègues devant votre commission; égalité pour tous!

Il y a là une singulière confusion faite entre deux situations absolument distinctes. — Le propriétaire n'a d'autre privilège que celui qui garantit ses fermages. Privilège aussi utile au fermier qu'au propriétaire. Car, sans lui, l'exploitant qui n'a que son capital d'exploitation, souvent si restreint dans les pays de moyenne culture, et qui n'offre pas de garanties hypothécaires, ne trouverait pas l'emploi de son activité et de son industrie.

Quant aux obligations visées dans l'article 1766, elles ne sont que la conséquence du contrat de louage. — Payer ses fermages, exécuter les conventions librement consenties; ne pas transformer, par exemple, à son gré et sous prétexte d'améliorations culturales, un pré en terre, un bois en prairie, un étang en jardins; enfin ne pas ruiner la chose louée. En un mot, étant simple locataire et non maître de la chose, la rendre dans l'état où on l'a prise. — Voilà les obligations du locataire : elles ne constituent ni privilège, ni droit exhorbitant au profit du propriétaire; elles découlent nécessairement et naturellement du contrat... qui n'est qu'un contrat de louage et c'est précisément ce que l'on oublie. Une terre louée n'est pas une marchandise mise dans le commerce et livrée à celui qui l'achète; le fermier est un locataire, ce n'est pas un propriétaire.

Au fond, c'est cependant ce que demandent les auteurs de la plupart des propositions de loi mises en avant ces temps derniers. Sous prétexte d'équité et de justice réciproque, on oppose aux droits du propriétaire ce que l'on appelle les droits du fermier, et, à ce titre on entend mettre à sa libre disposition les attributs qui sont de l'essence même du droit de propriété.

Ainsi, le simple locataire d'une terre aura le droit de la transformer à son gré, malgré les conventions faites, malgré le refus du propriétaire ; il pourra mettre les prés en culture, drainer les terres, creuser des conduites d'amenée pour irriguer, niveler, créer des chemins, etc., etc., et en fin de bail, c'est le propriétaire qui devra, sous forme de plus-values, payer les dépenses faites, ou même une somme bien supérieure (1). Voilà ce que les innovateurs appellent *le droit du fermier*, n'oubliant qu'une chose, c'est qu'ils en font ainsi l'associé du propriétaire ; mais un associé d'un genre inconnu dans nos codes comme dans celui de toute nation où le droit de propriété est respecté ; un associé, maître absolu de la chose louée sauf le droit de vente ; un associé enfin dénaturant l'immeuble loué et y apportant à son gré les modifications les plus radicales et cela sans tenir compte des conventions librement consenties par lui ; en violant les règles essentielles du contrat de louage et qui découlent de sa nature, au mépris du droit de propriétaire, dût le propriétaire être contraint de vendre sa terre pour rembourser le nouveau seigneur et maître qu'il se sera donné en affermant.

On parle de privilèges, on met en avant la justice et l'équité. Dans de telles conditions n'avons-nous pas le droit de le dire : l'équité et la justice recevraient ici la plus rude des atteintes ; quant au privilège, de quel côté serait-il ? Tout homme de bonne foi a déjà répondu.

2° *Intérêt agricole.*

En 1873, comme aujourd'hui, on disait déjà : avec le système actuel des baux de six, neuf ou même douze années, il y aura toujours pour le fermier deux périodes bien distinctes : dans la première, il met la terre en état de produire son maximum de rendement, soit par ses labours réitérés, soit par des fumures extraites de la ferme ou prises au dehors ; puis, quelques années avant sa sortie, ne voulant pas enfouir dans ce sol un capital dont profitera son successeur, si ce n'est le propriétaire lui-même par une augmentation de fermage, il va épuiser les richesses accumulées dans la terre. L'exploitation d'une ferme ne serait donc qu'un vrai travail de Pénélope avec ses alternatives d'amélioration culturale et d'épuisement succédant fatalement l'une à l'autre. « Ce fonds de fertilité, disait en 1873 M. Pluchet, qui va disparaître dans les dernières années du bail du fermier sortant, il faudra que le fermier entrant,

---

1. Projet de loi de la Société des agriculteurs du Nord.

le refasse à grand frais s'il veut réussir, s'il veut faire des affaires ; il saura alors ce qu'il lui en coûte, car, en perdant sa richesse, le sol perd aussi sa puissance ; mais le pays ne saura jamais ce que la fortune publique perd ainsi chaque année par l'épuisement des fumures en fin de bail. »

Il ne faut pas méconnaître la part de ce qu'il peut y avoir de vrai dans cet argument. Il faut donc y répondre et l'honorable M. de Belleville, rapporteur de votre 1ʳᵉ section, le fera avec la plus grande ampleur, nous le savons. Qu'il nous soit permis toutefois de faire ici cette réserve dont le mérite ne peut être contesté, ce nous semble. Les affirmations qui viennent d'être rapportées renferment une exagération manifeste ; vraie dans une certaine mesure pour le Nord et quelques départements, l'observation ne peut être généralisée. La majeure partie de notre territoire n'est-elle pas aux mains de métayers et surtout de petits cultivateurs faisant valoir, et il faut s'en réjouir ? A côté d'eux, ne faut-il pas placer ces grands propriétaires gérant eux-mêmes leurs domaines. Leur nombre augmente chaque jour, « et croyez-le, disait en 1873 l'un de nos collègues, il s'augmenterait bien autrement si jamais on voulait donner une forme légale et obligatoire à l'indemnité pour améliorations non épuisées ».

Dans les pays de fermages, devons-nous ajouter, croyez-vous que les observations qui précèdent puissent s'appliquer à tous les baux ? Mais dans la plupart des contrées à culture moyenne le fermier ne peut distraire ni les pailles ni les fourrages ; les engrais produits sont nécessairement employés jusqu'à la sortie et si le fermier n'améliore pas, il ne peut épuiser le sol.

Restent les pays de grande culture, de culture intensive. Est-ce que l'agriculture, et cela est à l'honneur des grands fermiers, n'y a pas fait d'immenses progrès avec les baux anciens ? Est-ce que l'Angleterre, avec ses baux si courts, a attendu la loi sur les fermages pour marcher en avant des autres nations agricoles ?

Améliorer nos baux ; donner aux fermiers la possibilité par de longs baux et des clauses bien rédigées, de réaliser jusqu'à la fin de leur jouissance les bénéfices d'une culture bien conduite, voilà la vraie, la seule méthode à suivre. Les agriculteurs du Nord nous disent que déjà bon nombre de propriétaires par des clauses particulières insérées dans leurs baux, accordent à leurs locataires *le droit aux engrais et amendices* ; d'autres contrées les ont déjà imités.

Pourquoi donc appeler à l'aide la contrainte légale ; pourquoi porter atteinte au droit de propriété ; pourquoi mettre la plus formelle entrave à la liberté des conventions, cette loi du pays de liberté ? Pour en venir à ces mesures extrêmes, il faut d'autres et plus puissantes raisons que celles qui précèdent. Les unes sont sans valéur et démenties par la saine interprétation de la situation respective des propriétaires et des fermiers ; les autres n'ont qu'une portée restreinte ; le mal peut être arrêté. Le remède vient d'être indiqué.

On l'a compris, et pour justifier les propositions radicales qui sont portées devant la Chambre des députés, ou soutenues devant les sociétés agricoles, ce n'est plus seulement l'intérêt du fermier, c'est l'intérêt social qui est mis en jeu, c'est au nom du salut public, le mot a été dit, de l'existence même de la nation que l'on demande au propriétaire de faire le sacrifice et du droit de propriété et de son indépendance.

II

La théorie nouvelle

La théorie est neuve et c'est au Congrès international d'agriculture de 1889 qu'elle a été, pour la première fois, développée dans toute son ampleur et sa sincérité.

Il faut donc remercier l'un des plus éminents partisans de cette théorie, M. Baudrillart, de l'avoir si nettement affirmée.

Voici, résumée fidèlement, la doctrine nouvelle.

On nous dit : Grâce à la science et à la mécanique appliquées à l'agriculture, de grands progrès ont été déjà réalisés ou peuvent l'être. Il faut aller plus loin ; la loi du progrès s'impose à tous en présence de la concurrence étrangère, il faut donc développer nos rendements ; il faut que tout ce qui manœuvre la terre fasse de la culture intensive. L'agriculture sera industrielle ou elle ne sera pas. Donc améliorer sans cesse, mettre au service de l'agriculture tous les capitaux nécessaires : là est le salut.

A cette situation nouvelle, à ces faits, à ces principes nouveaux, il faut des règles nouvelles.

De là pour le propriétaire des devoirs inconnus jusqu'ici. Il a ses droits sanctionnés par la loi civile ; que le législateur donne la même sanction à *ses devoirs*. Leur formule est précise et l'on peut la résumer en quelques mots : « Le propriétaire devra réaliser avec sa terre « le maximum des produits. »

Le principe ainsi posé, les déductions vont venir. On ajoute en effet :

Si le propriétaire, ne pouvant ou ne voulant pas cultiver, se soustrait à ses devoirs envers la société, s'il confie sa terre à un entrepreneur ; à celui-ci il appartiendra de faire face aux mêmes obligations. Mais comment le fermier, qui engage son capital dans une exploitation, améliorera-t-il ; comment suivra-t-il le progrès si, à l'échéance du bail de trois, six ou neuf années, son capital, enfoui dans la terre, et ses avances non épuisées doivent, pour la majeure partie, profiter au propriétaire ou au successeur que celui-ci va lu substituer.

Le fermier n'améliorera pas !

Donnez-lui donc *tout son droit*, « tendez jusqu'à sa suprême et « juste limite son intérêt personnel »; donnez-lui l'assurance qu'il retirera de son entreprise tout ce qu'elle peut produire; assurez-lu[i] à sa sortie sa large et suffisante indemnité pour les plus-values qu'il n'a pu épuiser et il pourra satisfaire à la place du propriétaire *aux obligations que la terre* lui impose envers la société.

Voilà, dit en terminant M. Baudrillart, le seul mode d'association possible entre ces deux éléments : le capital foncier et le capital d'exploitation, ils fusionnent ainsi et de leur entente naît le salut social.

L'Angleterre nous a devancés dans cette voie.

Telle est la doctrine dans toute son ampleur. — M. Baudrillart avait raison de le dire au début de sa brillante conférence : « Avec une telle « théorie on parle, en sachant ce que l'on dit; on marche, en sachant « ce que l'on fait; on sait où l'on va. »

Grâce à lui, nous savons donc désormais où l'on veut nous conduire. C'est l'amélioration du sol par la contrainte légale; c'est le droit nouveau du fermier substitué à celui du propriétaire, c'est le droit de propriété sacrifié au nom des principes nouveaux de l'agriculture intensive et de la chimie appliquée à l'agriculture, c'est enfin l'expropriation forcée sous le coup de la loi du progrès agricole. Nous le montrerons bientôt.

Y a-t-on bien réfléchi? A-t-on tenu compte dans ces affirmations qui viennent d'être recueillies de ce qu'est le droit de propriété? N'a-t-on pas volontairement mis de côté et sa véritable origine, et sa nature même, que notre Code civil et notre droit public n'ont fait que consacrer?

C'est notre conviction profonde, tout cela a été fait. Aussi à ces revendications, il est de notre devoir de rappeler ici les vrais principes, de remonter dans le cours des âges et, avec la philosophie et l'histoire, de dire bien haut, non pas seulement ce que nous entendons par droit de propriété, mais bien ce qu'il est.

III

Le droit de propriété

Le droit de propriété, c'est notre foi, est supérieur à la loi positive; il est dans notre nature, dans notre instinct, il est né avec la société même. Tel était, aux premiers âges, l'enseignement que l'Ancien Testament nous a conservé : « Le droit de propriété y est considéré, dit

Bossuet, comme saint et inviolable; et Dieu punit de châtiments exemplaires ceux qui y portent atteinte (1). » Bien des siècles après, c'est le Droit romain qui consacre cette doctrine, c'est Cicéron, la fixant d'un trait ineffaçable, lorsqu'il proclame « que la cité n'a été établie « que pour que chacun conserve ses biens ».

Méconnu sous le régime qui suit l'invasion des barbares, sous le régime féodal, le grand principe s'obscurcit et la propriété privée est livrée aux violents et aux plus forts. Mais, avec la renaissance du pouvoir royal, ses légistes reprennent la tradition vieille comme le monde... Ecoutez Juvenal des Ursins, le chancelier de Charles VII, dans ses remontrances au roi; quelle énergie, quelle précision : « Quelle « que chose qu'aucuns disent de vostre puissance ordinaire, vous ne « pouvez pas prendre le mien — ce qui est mien n'est pas vostre. Peut- « estre bien qu'en la justice vous estes souverain et va le ressort a « vous. Vous avez vostre domaine et chacun particulier a le sien (2). »

Ces principes sont affirmés mainte fois depuis le XVᵉ siècle Chose digne de remarque : les rois ont parfois tenté de se soustraire à la règle de l'inviolabilité de la propriété privée et d'établir leur absolu pouvoir sur les biens de leurs sujets. Mais la résistance n'a jamais cessé d'être formulée par les légistes comme par les Parlements, au nom du vieux droit; comme par les docteurs de la chaire et du droit canon, au nom de la justice éternelle et des saintes Ecritures. Et voilà que, de nos jours, dans notre société démocratique, ce sont les partisans de la philosophie rationaliste qui, reprenant la tradition de la monarchie féodale, se croisent avec une certaine école catholique, pour nier l'origine providentielle du droit de propriété et le faire fléchir devant l'arbitraire ou le soumettre à la plus vague et la plus douteuse des nécessités d'Etat.

Aux uns, nous opposons les saines traditions de la philosophie et de l'histoire; nous renvoyons les autres au plus grand des polémistes catholiques de notre patrie. C'est encore Bossuet qui, aux jours où Louis XIV affirmait de la façon la plus énergique le pouvoir absolu de la royauté, disait dans tous ses enseignements préparés pour le Dauphin (3).

...« Sous le gouvernement absolu, qui n'est pas le gouvernement « arbitraire, il y a des lois contre lesquelles tout ce qui se fait est « nul de droit... Dans ces gouvernements la propriété est invio- « lable. »

Voilà la vraie, la seule théorie du droit de propriété. C'est là ce qui a été proclamé dans la déclaration des droits par la Révolution

1. Bossuet. *Politique tirée de l'Ecriture sainte* : livre VIII, art. 2.
2. *Dialogue des Avocats*, Loysel, opuscules, note, p. 490.
3. *Politique tirée de l'Ecriture sainte*, livre VII, art.

triomphante. C'est enfin ce que Portalis affirmait dans *son exposé des motifs du titre de la propriété.*

« Le droit de propriété n'est point le résultat d'une convention humaine et d'une loi positive; il est dans la constitution même de notre être et dans nos différentes relations avec les objets qui nous entourent, et l'on doit se méfier des systèmes dans lesquels on ne semble faire de la terre la propriété commune de tous que pour se ménager le prétexte de ne respecter les droits de personne. »

L'enseignement est complet et la leçon sévère. Nous estimons qu'elle était méritée. Disons donc bien haut avec M. Troplong et pour conclure : non, ce n'est pas la loi qui a créé la propriété, pas plus que ce n'est la loi qui a fait la famille, la liberté, l'égalité, comme ce n'est pas la loi qui a fait la notion du bien et du mal. « La législation la plus parfaite est celle qui se rapproche le plus de ces lois éternelles (1). »

IV

Les projets de lois

Or, que devient ce droit supérieur à la loi, ce droit inviolable, avec la théorie des économistes? Les projets déposés et pris en considé_ ration par la Chambre des députés, ceux préparés par quelques sociétés d'agriculture vont nous l'apprendre. L'application des principes nouveaux n'a pas tardé à se produire.

Au Congrès international cependant, la discussion avait été vive et la solution votée n'avait été admise qu'à la suite d'un compromis proposé par l'honorable président M. Méline. Mais le principe y est admis, il sera obligatoire et si, liberté est laissée au fermier et au propriétaire, « de régler la plus-value, *sur le contrat de bail*, à d'au- « tres bases et à d'autres conditions que celles prévues par la loi, » cette liberté n'est qu'illusoire. Le fermier soutiendra, en effet, qu'avant d'exploiter il ne peut suffisamment connaître les améliorations à faire et il se refusera à traiter à l'avance; il pourra d'autant mieux le faire qu'il reste toujours maître, quelles que soient les conventions faites, de procéder, en cours de bail, à des améliorations non prévues à son entrée.

Un seul membre a paru comprendre tout ce que cette concession apparente au principe de la liberté des conventions avait de peu sérieux, et il a protesté avec une énergie qui aurait dû éclairer le

1. A voir sur cette question le rapport de M. le conseiller Laborie, à la Cour de cassation, arrêt du 24 juin 1857 où ont été puisées les présentes considérations : « Il ne s'agit pas de savoir, dit M. Laborie, si la propriété est de droit naturel ou civil, il s'agit de savoir si elle est. »

Congrès. C'est un Suédois, M. le comte de Bonde. « Si je venais, s'est-il écrié, dire dans mon pays, en Suède, où tout le monde a la liberté, qu'en France votre Code doit intervenir entre propriétaires et fermiers, on serait bien étonné, que dis-je, *on ne me croirait pas.* » Le Congrès a passé outre, nous venons de le dire.

Du reste, il ne faut pas s'y tromper et il importe de le retenir, tous les auteurs des propositions soumises au Congrès, même parmi les plus modérés sont prêts à aller beaucoup plus loin que la majorité ne l'a fait. La décision prise est pour eux « absolument insuffisante » et si le principe y a été « si timidement posé », c'est qu'il était nécessaire de ne pas effrayer les pouvoirs publics sur les conséquences d'une telle atteinte au droit de propriété ; sans cette observation des mesures plus radicales eussent été sans doute admises.

On ira donc progressivement ; on veut arriver à implanter en France la loi anglaise, on entend même aller plus loin. Tout cela a été dit, il ne faut pas nous y méprendre ; il faut que nous sachions bien où l'on veut nous conduire, où l'on nous conduira fatalement.

Les projets de lois déposés, et celui notamment pris en considération le mois de janvier dernier, ne doit nous laisser aucune illusion à cet égard. Il ne comprend qu'un seul article ; mais, en principe, il dit tout et ouvre la brèche la plus large. Le droit de propriété comme la liberté des conventions sont jetés à la côte.

Comment s'appliqueront ces principes, on ne nous le dit pas.

En gens de la pratique, les membres de la Société des agriculteurs du Nord ont compris qu'un tel projet n'était pas acceptable et devait être complété. Celui qu'ils ont formulé est armé de toutes pièces. Toutefois ils n'ont oublié qu'une chose : comme les auteurs du projet pris en considération à la Chambre des députés, ils vont, dans leur précipitation à rendre exécutoires ces mesures dites de salut public, jusqu'à oublier qu'une loi ne devrait jamais avoir d'effet rétroactif. C'est encore un vieux principe des sociétés civilisées ; il sera violé, comme les autres, et nous nous demandons comment les experts chargés d'estimer les plus-values à la fin des baux en cour d'exécution en ce moment, pourraient procéder, s'ils n'ont pas sous les yeux un procès-verbal d'expertise, dressé à l'entrée du fermier, leur donnant la base indispensable pour établir les différences entre la valeur du sol à l'entrée et sa puissance de fertilité à la sortie.

N'insistons pas. Ce vice radical pourrait, il faut le reconnaître, être écarté par des projets mieux conçus.

Nous ne croyons pas d'ailleurs qu'il soit nécessaire d'analyser ici plus amplement tous les projets qui ont été soumis à nos deux sections. Il suffira de constater qu'un fait commun s'en dégage : des droits absolument nouveaux, étrangers au contrat de louage sont créés au profit du fermier sauf les constructions et plantations, il peut tout faire pour transformer la propriété qu'il ne détient qu'à titre de location ; ces transformations, si elles produisent des plus-values à dire d'expert, lui seront remboursées par le propriétaire et, fait capital, le fermier ne pourra pas renoncer à demander une indemnité. Toute clause de cette nature sera nulle et non avenue (1).

Voilà donc la déduction première de la théorie des obligations nouvelles imposées au propriétaire ; c'est celle que tous nos innovateurs demandent, S'arrêtera-t-on dans cette application du principe *des devoirs envers la terre*. Pourquoi ne pas aller plus loin ? Si je dois « maintenir la terre en bon état ; lui donner tous les perfection- « nements possibles... si la terre, tout en étant un bien individuel, « est aussi un instrument social ; si le propriétaire qui néglige son « bien et qui ne fait pas tout ce qu'il peut pour le perfectionner... « cause à la société un préjudice incalculable » (2).

S'il y a là une source nouvelle de devoirs, qui ne sont pas seulement des devoirs que la morale pourrait enseigner, mais que le législateur, élargissant le cercle de sa sanction, doit consacrer par des obligations légales comme on le demande, comme quelques économistes l'enseignent, nous allons loin, bien au delà sans doute des prévisions de quelques-uns, je veux le croire, mais cela n'en est pas moins logique.

Tout propriétaire récalcitrant, tout *cultivateur* exploitant lui-même sa terre, grand ou petit propriétaire, devra donc céder la place à un plus digne, et l'Etat se substituant à l'incapable comme au négligent, chassant de leurs petits domaines nos modestes cultivateurs qui se refuseront à marcher avec le progrès, distribuera la terre à de plus habiles, à de plus riches ou à de plus entreprenants. La théorie n'aura sa sanction complète qu'à ce prix. L'honorable M. Lecouteux, dont on invoque bien à tort l'autorité, sans l'avoir lu complètement, a donc eu raison de le dire : « C'est la liquidation forcée de la propriété rurale (3). »

Si c'est là le but des innovateurs, qu'ils le disent, nous saurons où ils entendent nous conduire. Si ce n'est pas là ce qu'ils veulent, s'ils reculent devant ces conséquences de leurs théories, qu'ils fassent amende honorable, car, sans le savoir, ils nous mèneraient fatalement à la plus redoutable des crises.

---

1. Quant à la juridiction appelée à trancher les difficultés que soulèvent de telles innovations on la donne, dans le projet de loi, au juge de paix pour le premier degré. — Dans le projet des agriculteurs du Nord, ce magistrat statuera en dernier ressort ; sa compétence, dans l'un comme dans l'autre projet, sera illimitée et de 200 francs elle passera au besoin aux chiffres les plus élevés.

2. M. Baudrillart devant le Congrès international.

3. *Journal d'agriculture pratique*, numéro du 26 décembre 1889.

V

Les véritables obligations du fermier dans le Code civil

Sans s'arrêter davantage à ces conséquences, qui assurément n'ont pas été prévues par bon nombre des promoteurs de l'agitation, rentrons dans la sphère plus limitée des rapports entre fermiers et propriétaires. Les déductions de la théorie qui vient d'être exposée n'en sont pas moins de nature à soulever ici encore les plus graves objections.

On veut, cela s'est affirmé au Congrès international, « forcer la main au progrès » et pour cela obliger le propriétaire à indemniser le fermier des entreprises qu'il aura conduites à son gré, si elles ont produit des plus-values; mais si le fermier ne satisfait pas aux devoirs nouveaux *envers la terre*, s'il ne remplit pas les obligations qui du propriétaire sont passées sur sa tête; s'il néglige sa culture et ne la pousse pas jusqu'au maximum des rendements, il est en faute, il ne satisfait pas à son devoir envers la société, que la contrainte légale lui soit donc appliquée.

Or, jusqu'ici l'article 1766 n'impose à cet égard au fermier d'autre obligation que celle de jouir en bon père de famille; et encore il s'agit de savoir comment cette règle est appliquée et interprétée. — Il semblerait au dire des auteurs des projets qui viennent d'être signalés, qu'il y a là une obligation étroite, rigoureuse, mettant le fermier sous le coup d'indemnités ruineuses pour simples moins-values et l'on proteste contre ces privilèges dignes de la féodalité.

C'est une erreur : on ne pourrait pas citer un seul jugement, un seul arrêt rendu à la requête d'un propriétaire réclamant des dommages-intérêts contre un fermier simplement négligent ou peu capable. Les procès-verbaux d'expertise à l'entrée sont la plupart du temps muets sur l'état des terres et c'est seulement en présence de dégradations manifestes, d'abus de jouissance intolérables que le propriétaire songe à invoquer l'article 1766 dont la portée ne va pas plus loin. Quant aux moins-values, il n'en est pas même question dans cet article et jamais elles n'ont motivé une condamnation, soit que le propriétaire redoute une expertise sur cette matière si délicate, soit qu'en pareil cas il s'agisse d'un fermier qui, gérant mal, est ruiné par sa faute; il s'abstient et c'est à peine s'il croit pouvoir former sa demande tendant à l'expulsion, alors que le fermier résiste et refuse de résilier à l'amiable.

En tout cas, jamais propriétaire n'a songé à contraindre son fermier à suivre dans son exploitation, les procédés perfectionnés de la science agricole. « Ainsi, dit M. Troplong, sur l'article 1766, on ne demandera pas au paysan grossier, à celui qui ne connaît que les traditions de ses pères de cultiver comme Mathieu de Dombasle dans la ferme de Roville. »

Telle est, dans la pratique, la seule application des obligations du fermier résultant de l'article 1766. C'est ainsi que tombent successivement toutes les exagérations formulées contre les droits du propriétaire consacrés par le Code civil. On attribue aux propriétaires des droits qu'ils n'ont pas, ou bien on porte à l'excès ceux qu'ils doivent nécessairement avoir et l'on se croit ainsi autorisé à dénoncer des abus imaginaires et des privilèges qui n'existent pas afin d'essayer la justification de ce que l'on appelle *les droits* nouveaux du fermier, qui ne sont eux-mêmes que la négation de la liberté du propriétaire et du droit de propriété.

Cependant, si nous ne sommes pas écoutés; si l'article 1766 doit être complété, comme le veut le projet de loi pris en considération par la Chambre des députés; si aux obligations caractérisées et limitées, comme nous venons de le faire, il faut ajouter des prescriptions nouvelles, applicables aux propriétaires, et sanctionner par la loi les devoirs nouveaux du propriétaire, en le soumettant à des obligations inconnues jusqu'ici; si le progrès veut et commande tout cela; il faudra, d'un autre côté, préciser d'abord et aggraver les obligations déjà existantes et imposées au fermier; mais il faudra également mettre à sa charge ces obligations nouvelles qu'a enfantées la théorie *des devoirs envers la terre.*

Entre eux deux, la balance doit être égale. Ainsi le veut la *réciprocité*, la *justice*, le *progrès agricole*, l'*intérêt social*.

Comme le propriétaire, le fermier devra donc, à son tour, se soumettre aux nécessités de la culture à grands rendements, suivre le progrès, marcher sous la contrainte d'experts statuant et décidant de l'opportunité des travaux à faire et des cultures à entreprendre pour amener la terre à son *maximum de rendement.* Et nous aurons ce spectacle nouveau destiné, selon quelques économistes, à créer l'association plus intime du capital foncier et du capital d'exploitation.

D'un côté, les fermiers entreprenants qui obligeront le propriétaire récalcitrant à contribuer, en fin de bail, aux améliorations qu'il a combattues et qui seront mises à sa charge. De l'autre des propriétaires plus ardents au progrès que leurs fermiers et les forçant, sous peine de résiliation tout au moins à subir la décision de commissions spéciales et à suivre, malgré eux, les enseignements de la science.

Etrange moyen de fusionner les deux facteurs de l'industrie agricole et de réaliser le rêve de l'école du *progrès par la contrainte légale.*

Nous croyons à la bonne foi des fermiers, nous estimons plus que personne ces détenteurs des grandes exploitations du Nord qui depuis cinquante ans, ont rendu d'éminents services à l'agriculture et au pays. Nos commissions comptent bon nombre de ces fermiers et des plus illustres par la pratique, le savoir et les hautes récompenses qu'ils ont obtenues. Ceux-là protestent contre de telles innovations ; quant à ceux qui font l'agitation sur cette question, ils oublient que les neuf dixièmes des terres en France sont exploitées par de plus modestes fermiers ou de petits ou moyens propriétaires ; que les uns et les autres n'ont pas de capitaux, que nombre de propriétaires de terres importantes n'ont pas plus de ressources disponibles ; ignorent-ils donc que la culture intensive ou industrielle ne peut s'appliquer fructueusement dans l'immense majorité des terres ; qu'y fût-elle possible il faut, pour la réaliser, la science, la pratique et l'argent. Qu'un fermier du Nord vienne exploiter ces terres : peut-être y fera-t-il produire de plantureuses récoltes ; mais quel sera le produit net de ces cultures à grands rendements, qui peut assurer que les experts sauront faire la juste part entre la fertilité nouvelle et durable procurée à la terre et les effets passagers et si souvent trompeurs des engrais commerciaux.

La chimie n'a pas trouvé la formule scientifique pour calculer mathématiquement et la fertilité du sol et ce qu'il a pu retenir d'engrais après la récolte épuisée. Aussi, tant que l'on ne nous apportera pas la solution du problème, nous devons, au nom des intérêts de tous, grands et petits propriétaires comme de ceux des fermiers entrants, qui pourraient être les victimes de pratiques plus habiles que consciencieuses, repousser avec la plus grande énergie des innovations aussi peu justifiées.

C'est ce que pensent les hommes les plus compétents d'un pays voisin du nôtre, de la Belgique. Là du moins nous rencontrons un sol varié comme le nôtre, mélange de grandes et de modestes cultures, de cultivateurs propriétaires et exploitants ; les uns, ayant des capitaux, la pratique de la grande culture et les terres s'y prêtant ; les autres moins aisés, travaillant sur des sols plus maigres et qui ne se prêtent pas d'une façon rémunératrice aux procédés nouveaux.

Or, là aussi, la question de l'indemnité au fermier sortant a été débattue, il y a deux ans ; elle y a même été assez rudement traitée par les sommités agricoles et il n'est pas sans intérêt de retenir ce que la sagesse proverbiale de nos voisins nous enseigne.

M. T'Sertevens, combattant les propositions soumises au Conseil par l'un de ses collègues, grand fermier de Brabant, s'exprimait ainsi :

« Nous sommes à une époque où le propriétaire doit faire grandement attention à l'emploi des engrais chimiques... L'usage de ces engrais constitue, en certains cas, une manœuvre absolument malhonnête ou frauduleuse... Le système proposé amènerait inévitablement le résultat suivant : nous verrions des fermiers, intelligents, instruits,

entreprendre l'amélioration, la bonification des cultures ; ils passe-
raient de ferme en ferme avec des baux les plus courts possible où
ils se feraient chaque fois accorder une très sérieuse indemnité pour
les changements qu'ils auraient apportés aux terres. Ce métier serait
extrêmement lucratif, et celui qui a la manche et la conscience large
fera de beaux bénéfices dans l'industrie de l'amélioration du sol. »

Nos fermiers seront-ils au-dessus de la tentation ; qui oserait en
répondre ? Méfions-nous de ces tentatives téméraires. Qui donc,
d'ailleurs, serait le plus exposé à en supporter les conséquences ? On
ne saurait trop le répéter : Ce sera encore une fois le petit propriétaire qui aura laissé englober ses quelques hectares de terre dans
l'exploitation de quelque grande ferme voisine. Celui-là n'aura en
effet ni la science pour suivre les agissements de son fermier et les
contrôler, ni les ressources suffisantes pour lui tenir tête dans des
expertises scientifiques et ruineuses.

Nous voudrions conclure, car pour nous la question, au point de
vue de l'économie sociale, est résolue et cependant un dernier argument reste intact ; il a touché d'excellents esprits ; nous devons y
répondre.

VI

La loi anglaise

Ce que vous nous refusez, disent tous les partisans de l'indemnité
au fermier sortant, l'Angleterre l'a fait. En 1875 une première loi,
qui laissait entière la liberté des conventions, posait le principe ; en
1883 une seconde loi l'a rendu obligatoire et, devant votre 9ᵉ section,
l'un de nos collègues ajoutait : « Cela s'est fait en Angleterre, ce pays
où le respect de la propriété individuelle est poussé jusqu'au culte,
où la propriété privée est en quelque sorte sacrée. » Devant le Congrès
international la même observation avait été développée, sans que
personne l'ait contredite.

L'objection ne nous a pas émus. C'est qu'en effet pour invoquer
la loi anglaise il ne faut connaître — j'ai quelque regret d'être obligé
de le dire — ni le principe même qui régit la propriété en Angleterre,
ni la constitution de cette propriété depuis des siècles, ni la forme
des baux, leur durée et leurs conditions ; il faut ignorer en un mot
les causes de l'agitation qui a déterminé le parlement à voter les
deux lois invoquées.

L'Angleterre — cela va peut-être bien étonner ceux de nos collègues qui invoquent son profond respect du droit de propriété — est
le pays au monde où la propriété privée comme droit absolu est le
moins respectée.

Voici ce qui s'enseigne à l'école de droit en Angleterre.

« La première chose que l'étudiant (*in law*) a à faire, c'est de se
« débarrasser de l'idée d'une propriété absolue. Une pareille notion,
« est tout à fait étrangère à la loi anglaise. Aucun homme, d'après
« notre loi, n'est propriétaire absolue des terres ; il peut avoir seule-
« ment sur elles un droit d'estate (*hold anestate*). » — Williams,
sur la *real property*, ouvrage classique. — L'Angleterre est encore
au régime de la propriété féodale.

« On comprend dès lors le peu de répugnance des législateurs
anglais à intervenir entre propriétaires et fermiers, » dit l'éminent
magistrat auquel nous empruntons cette citation (1) ; ils avaient d'ailleurs d'autres et plus précises raisons de le faire. »

Les substitutions sont générales en Angleterre et les propriétaires
ayant la libre et entière disposition du sol qu'ils détiennent, sont
l'exception. Si le grevé de substitution n'a pas d'enfants mâles, la propriété passe, à sa mort, à des parents, souvent éloignés, ou à des étrangers. Comment un tel propriétaire de transition, véritable usufrui-
tier, pourrait-il consentir à faire les améliorations essentielles, le
drainage notamment, cette nécessité de premier ordre des cultures
anglaises. On ne fait pas de telles avances au sol lorsque la jouissance
en est limitée avec la vie ; on ne fait de tels sacrifices que si l'on est
assuré de transmettre sa terre à des héritiers de son choix, ou de
tirer profit de la plus-value par une vente librement consentie.

Quant au fermier, il lui était encore plus impossible d'améliorer
avec pleine sécurité. L'immense majorité des fermiers anglais nous
ne parlons pas de l'Ecosse, le pays des longs baux) n'a pas, en effet
de bail écrit et, fût-il écrit, le bail est annuel, *at will*. Pour que
l'Angleterre, avec de telles coutumes ait, pendant de longues années,
marché à la tête des nations agricoles, il a fallu nécessairement que
la bonne entente entre les land-lords et leurs tenanciers à l'année
fût profondément enracinée dans les mœurs. Bien d'autres causes
ont contribué, pendant deux siècles, à atténuer ce qu'une telle condition des fermiers avait d'anormal. On ne peut les développer ici dans
un rapport déjà trop long (2).

Cependant le moment est venu où une certaine classe de fermiers,
plus industrielle qu'agricole, a voulu des garanties nouvelles. Locataires à l'année, pouvant être expulsés par un simple congé donné
six mois à l'avance, ils sont sortis de leur réserve séculaire.

L'agitation, à l'origine, s'est donc faite sur cette seule question :

1. M. Babinet, conseiller à la Cour de cassation. *Bulletin* de la Société de législation comparée ; 16e année 1886, p. 48.

2. L'agriculture en Angleterre, série de traités préparés sous la direction du
conseil de la Société royale d'agriculture. (Congrès international de 1878).

« Reconnaissance du droit du fermier, en cas d'expulsion, à une indemmité pour améliorations non épuisées. » Puis on est allé plus loin, l'ensemble même de la condition des fermiers a été mis en jeu. *Le droit* des fermiers a eu ses publicistes et ses agitateurs. Voici ce que disait, dès 1848, le plus passionné de tous, M. Henry Corbet, secrétaire du club des fermiers de Londres :

« Le fermier marche ayant continuellement sur sa tête une épée « nue, suspendue à un simple fil, que peut trancher d'un moment à « l'autre le rapport d'un garde, la malveillance d'un intendant, le « moindre acte et la moindre pensée d'indépendance » (1).

L'agitation, appuyée sur de telles considérations dont la vérité, quelque exagérée que fût le langage, ne pouvait être méconnue, devait, on le comprend, finir par entraîner l'opinion publique. Aussi le Parlement, après une campagne de près de vingt années, a-t-il dû voter les deux lois de 1875 et de 1883.

En Angleterre, on a pu d'autant mieux se soumettre à ce droit nouveau qu'avec les beaux *at will*, que les fermiers se gardent bien d'attaquer aujourd'hui, le land-lord trouvera toujours le palliatif le plus sûr contre les exigences trop accentuées de ses fermiers. S'il est en présence d'un tenancier trop entreprenant ou peu scrupuleux, dont les agissements l'exposent à des difficultés pour règlement d'indemnité, il ne prorogera pas le bail annuel et le fermier, sachant qu'il ne peut compter sur une jouissance dépassant l'année, renoncera à toute entreprise nouvelle. Au besoin même le propriétaire donnera congé. Ce congé doit — il est vrai — être donné une année à l'avance, mais dès qu'il a été signifié, le fermier n'a plus le droit à indemnité, au cas où de nouvelles avances seraient enfouies par lui dans la terre en location, sauf pour quelques arrières fumures. (Loi de 1883, art. 59.)

En présence de cet exposé, il est à peine besoin de le dire, quel rapport y a-t-il entre la situation des fermiers et la constitution même de la propriété en Angleterre, et ce qui existe en France à ce double point de vue. — Aucune des causes invoquées en Angleterre ne peut l'être dans notre pays.

Nous n'avons plus de substitutions entravant la libre transmission des biens et mettant obstacle à toute initiative du propriétaire voulant s'associer à son fermier pour améliorer. Nos fermiers sont libres de débattre les clauses de leurs baux. S'ils les exécutent, même dans la mesure la moins étroite, ils sont maîtres de rester sur la terre affermée jusqu'au terme ou prochain ou éloigné qu'il leur a plu de fixer ou d'accepter. Les locations sont assez difficiles d'ailleurs en

____

1. Rapport Mérice, *Bulletin* de la Société des agriculteurs de France, 1er janvier 1873.

ces années de crises pour qu'ils soient en réalité maîtres de déter-
miner la durée de leur jouissance. Ils ne sont enfin sous la dépen-
dance ni de gardes ni de régisseurs et s'ils cultivent convenablement,
en cultivateurs honnêtes et quelque peu soigneux, leur indépendance est absolue.

Si les fermiers veulent améliorer, amener les terres à des cultures
intensives, augmenter si cela est possible, la fertilité du sol et, dans
les dernières années, n'être pas exposés à détruire leur œuvre ou à
perdre le fruit de leurs avances non épuisées — cela est bon, cela
est légitime et utile— alors qu'ils fassent leurs conditions et demandent avant tout de longs baux—il n'y aura ni victime, ni prévilégié;
et si quelque propriétaire récalcitrant n'ose les suivre et les menace,
par son mauvais vouloir, de profiter seul du travail et du capital
accumulé dans la ferme, qu'ils s'abstiennent et ne traitent pas avec
lui. Les terres sans fermiers ne manquent pas et ils peuvent être
assurés de trouver l'emploi, à leur gré, de leur intelligence, de leur
activité et de leur capitaux.

Voilà le résultat de la liberté des conventions appliquée aux baux
à ferme.

VII

Conclusions

Nous n'insisterons pas sur ces observations spéciales. Elles ont été
l'objet de l'étude la plus approfondie dans votre 1ʳᵉ section et M. de
Belleville vous dira quelle semblerait être, pour les fermiers qui-
se mettent en avant, l'intime et réelle cause de ces revendications
bruyantes; quelles conclusions il importe de vous soumettre au point
de vue de l'amélioration à apporter dans les baux à ferme et dont
l'utilité s'impose, nous le reconnaissons.

Quant à nous, qu'il nous soit permis de l'affirmer — parce que nous
espérons l'avoir établi — c'est une erreur profonde de croire que la
contrainte légale puisse produire l'amélioration du sol et assurer le
progrès; propriétaires et fermiers nont rien à y gagner; bien plus, les
uns et les autres, du moins lorsque ceux-ci entendent suivre le droit
chemin, n'auraient qu'à y perdre.

Aussi en sommes-nous venus à nous demander s'il n'y aurait pas
dans cette agitation faite au nom des fermiers, et sous le prétexte des
intérêts généraux de l'agriculture et de la Société, quelque but
caché. Nous n'accusons les intentions de personne parmi ces
hommes considérables, gens de la politique et de l'agriculture ou
économistes de grand talent dont les noms ont été prononcés ici.
Selon nous, ils se sont grandement trompés, voilà tout. Mais à ceux-

là, nous disons : prenez garde, vous ne voyez pas où vous allez, vous ne voyez pas qui vous pousse.

Voyez ce qui se passe en Angleterre, depuis que la dernière loi sur les tenures agricoles a été votée, il y a là un précieux enseignement à retenir et qui vient, ce nous semble, éclairer singulièrement le débat.

Il ne faudrait pas croire, en effet, que la situation anormale des fermiers anglais fût la seule cause de l'agitation; le plus grand nombre ne s'en plaignait pas, car, grâce aux liens si solides qui les unissaient aux land-lords, ils n'avaient pas à en souffrir; mais à côté de leurs représentants plus ou moins autorisés, des publicistes, ayant une réelle notoriété, visaient un tout autre but et formulaient d'autres et plus radicales revendications. Elles ont été dénoncées dans une récente publication que l'*Économiste Français* analysait au mois de juin 1887.

« On ne cache pas, dit l'auteur, le dessein de réduire le proprié-
« taire à la condition de simple redevancier et l'on appelle le jour
« où, sous les yeux de ce spectateur impuissant, les tenanciers culti-
« veront leurs domaines à leur mode et se le transmettront de main
« en main (1). »

Ne voudrait-on pas en France réduire le propriétaire à cette condition nouvelle ? — Le projet de loi des agriculteurs du Nord y conduit rapidement ; et pour ne pas se produire sous cette formule radicale, la *théorie des devoirs du propriétaire envers la terre* n'irait-elle pas aux mêmes conséquences, frappant aussi bien la petite, la moyenne que la grande propriété, nous amenant ainsi progressivement à la liquidation révolutionnaire de la propriété rurale ? — On ne le dit pas aussi haut qu'en Angleterre, — mais logiquement on nous y

---

1. Ce n'est pas là, du reste, la seule menace qui pèserait sur la propriété foncière.

« Des hommes considérables ont recueilli et insèrent dans leurs programmes des
« projets qui ne vont pas à moins qu'à conférer aux autorités municipales le droit
« d'exproprier, à des prix qui sont ceux de la vente à l'amiable, les propriétés
« urbaines et suburbaines. Ajoutons enfin l'agitation entretenue par diverses
« sociétés, le retentissement qu'ont eu les livres et les déclamations de M. Henri
« George, le pamphlet de M. Wallace, l'écho qu'ils ont éveillé dans les couches
« sociales réputées conservatrices... Depuis longtemps d'ailleurs le régime britan-
« nique des *Latifundia* a ouvert l'accès et préparé la pente pour toute une série de
« lois agraires. » (*Économiste* du 4 juin 1887.)

Une loi récente, votée en 1886, a déjà marqué un premier pas dans cette voie.
(Loi du 52 juin sur les crofters d'Ecosse.)

En Angleterre les deux tiers du sol dans les comtés anglais appartiendraient à 10.207 personnes ; en Écosse à 330 ; en Irlande à 1.927. La moyenne comme la petite propriété n'existent plus dans la Grande-Bretagne depuis le xviiᵉ siècle. (Même article du 4 juin 1887.

conduit et plus d'un réformateur, socialiste d'état ou non, entend bien qu'il en sera ainsi (1).

Ce qui nous rassure, c'est que si ces agitations dangereuses ont en Angleterre une raison d'être — nous nous garderons bien de dire leur justification — en France elles ne pourraient aboutir qu'à réveiller de son sommeil cette innombrable et vigoureuse légion de petits et moyens propriétaires, qui entend cultiver son bien, sa chose, à sa guise et non sous la contrainte légale d'experts en chimie agricole, ou de fermiers maîtres absolus du sol loué; légion de propriétaires qui, comprenant un jour prochain, qu'elle aussi serait atteinte par de telles entreprises, se soulèverait pour la défense du droit de propriété.

Quoi qu'il en soit, il n'était pas sans intérêt, selon nous, de signaler le péril et de faire entrevoir, en montrant ce qui se passe dans le pays dont on invoque l'exemple, à quelles conséquences conduit une première application des théories qui méconnaissent les règles immuables de ces deux grands principes : *Le droit de propriété* d'abord, et *la liberté des conventions* qui n'est que l'expression, dans la vie civile, du libre arbitre et de la dignité humaine.

Ce vœu, mis aux voix, a été adopté.

En conséquence, la section d'économie et législation rurales a l'honneur de vous proposer le vœu qui suit :

VŒU

L'**Assemblée des agriculteurs de France** émet le vœu :

Que la loi ne puisse intervenir dans les conventions entre propriétaires et exploitants et que liberté entière leur soit laissée pour le règlement de leurs intérêts réciproques.

---

1. La formule des revendications socialistes : « La terre aux travailleurs » se rapproche plus qu'on ne veut le dire de celle de la théorie *des devoirs envers la terre* : ne pourrait-elle pas en effet, avec ses déductions logiques, se traduire ainsi : « La terre aux exploitants ? »